DISCOURS

PRONONCÉS LE 23 AOUT 1841,

AUX FUNÉRAILLES

DE M. FRANÇOIS-LOUIS KLAUHOLD,

AVOCAT-AVOUÉ, MEMBRE DU CONSEIL PRESBYTÉRAL, DU CONSISTOIRE DE SAINT-THOMAS ET SAINT-NICOLAS ET DU DIRECTOIRE DU CONSISTOIRE GÉNÉRAL DE LA CONFESSION D'AUGSBOURG,

PAR

EM. BRAUNWALD,

PASTEUR DE L'ÉGLISE DE SAINT-THOMAS.

1841

STRASBOURG, IMPRIMERIE DE G. SILBERMANN.

Que la grâce de notre Seigneur Jésus-Christ, l'amour de Dieu le père, et la communication du Saint-Esprit demeure avec nous tous. Amen.

Commençons par la prière :

Éternel! notre carrière est courte et notre vie n'est rien devant Toi. Tu viens de retirer du milieu de nous un homme juste. Ses œuvres sont devant Toi, Seigneur; seul, Tu en es le juge; seul, Tu peux lui en faire trouver le prix dans un avenir rémunérateur. Sois au milieu de nous; inspire-nous cette résignation dont nous éprouvons si vivement le besoin lorsque tu rappelles à Toi ceux qui nous sont chers. Assiste-nous, Seigneur, sauve Ton peuple et bénis Ton héritage! Amen.

Mes bien-aimés en Jésus-Christ !

Nous déplorons aujourd'hui la mort d'un homme distingué. M. François-Louis Klauhold , avocat-avoué, membre du Conseil presbytéral de cette église, membre du Consistoire de Saint-Thomas et Saint-Nicolas, et du Directoire du Consistoire général de la confession d'Augsbourg,—le bon M. Klauhold nous a quittés. Né à Strasbourg en 1779, il épousa, le 12 juin 1808, Mademoiselle Caroline Kienlin. De cette union naquirent deux fils et deux filles, qui pleurent aujourd'hui sur la tombe du meilleur des pères. Le cher défunt eut la satisfaction de voir ses deux filles bien établies, et il regarda ses gendres comme ses propres enfants. Calme et résigné pendant sa courte maladie, jetant un regard tranquille au delà des bornes de la vie; plein de confiance en la clémence divine, il s'endormit du sommeil du juste, le 20 août, à onze heures du soir, âgé de soixante et un ans, dix mois et deux jours. Sa sépulture devait être simple. Peu d'heures encore avant son trépas, il a formellement exprimé à sa chère et digne épouse sa volonté : qu'on devait éloigner de ses funérailles tout ce qui pouvait ressembler au faste et à l'éclat. Que la terre lui soit légère! Que son âme immortelle goûte dans le ciel la félicité éternelle auprès de son Dieu ! Ainsi soit-il.

CHRÉTIENS, MES FRÈRES !

L'homme n'est qu'un voyageur sur cette terre, où il doit faire son premier apprentissage. Nous en faut-il d'autre preuve que l'aspect de ce cercueil et qu'un regard sur le convoi funèbre qui l'entoure? Qui d'entre nous, que l'amitié et la douleur rassemblent ici autour des cendres de feu M. Klauhold, qui d'entre nous tous, voudrait contester cette grande vérité : que l'homme n'est qu'un voyageur, qu'une ombre fugitive sur cette terre?

Il était profondément pénétré de cet important axiome, l'homme de bien, l'homme si digne de notre estime, dont la dépouille mortelle repose au pied de cet autel; et cette grande vérité ne fut pas stérile pour lui. Cette vérité passa de son âme dans sa vie, et lui apprit à apprécier, d'après leur véritable valeur, les choses de ce monde; de là sa fermeté, sa douceur, sa modestie, l'aménité de son caractère.

Pour peindre M. Klauhold d'un seul trait, je lui appliquerai ce que la sainte Écriture nous rapporte du caractère d'un patriarche, dont la modération dans la prospérité et la patience dans les jours d'angoisse, sont proposées comme modèles à tous les siècles : « *Il y avait un homme appelé Job; et cet homme était intègre et droit de cœur, craignant Dieu et se détournant du mal* » (Livre de Job, I, 1). Plaçons cette épitaphe sur la tombe du chrétien dont nous regrettons la perte; d'un commun accord décernons-lui ce monument!

Craindre Dieu et se détourner du mal, c'est là la loi fondamentale, écrite en caractères impérissables dans la conscience de tous les mortels; c'est là la lettre initiale de toute religion. En marchant devant la face de l'Éternel, en fuyant le mal, nous professons la vraie religion. La religion, c'est l'adoration pure d'un Dieu vivant, d'une volonté suprême qui est la source immortelle de toute perfection, comme de toute bonté; c'est un hommage qui inspire autant de confiance et d'humilité, qu'il donne de dignité à l'âme et de pureté au cœur. Là, où cette divine religion purifie le cœur et la terre, là, nous trouvons, dans toutes les relations sociales et domestiques, ces hommes simples de mœurs et droits de cœur; simplicité, candeur, droiture : ces restes précieux de l'état primitif de l'homme.

Chrétiens! je me tourne avec attendrissement vers ces cendres que nous allons confier à la terre. Ces cendres furent animées par une âme qui, dans toutes les situations, a su maintenir sa véritable dignité. Dans ce discours funèbre je dois parler du défunt; mais loin de moi de prodiguer à sa mémoire, en ce sanctuaire, un encens adulateur; loin de moi la basse flatterie; mais je le dois à la vérité de dire, et tous ses amis le rediront : M. Klauhold était un homme simple dans ses mœurs, pur dans son âme, franc et ouvert et dans ses discours et dans ses actions, sûr dans ses engagements, probe et intègre, plein de modestie et de candeur, d'une piété douce et sans apprêt; prêchant la vertu par l'exemple de sa vie entière; jurisconsulte savant et administrateur intègre; bon époux, tendre père, fidèle ami; montrant partout humilité et confiance, marchant toujours sous la bannière de cette antique loyauté strasbourgeoise..... Tel fut notre ami Klauhold, que nous pleurons aujourd'hui, et que nous regretterons bien longtemps. La bonté de son cœur le faisait chérir dans son intérieur, l'élévation de son âme, la pureté et la solidité de ses principes, les agréments de son esprit lui gagnèrent l'estime de tous, et lui faisaient de sincères amis. Quel vide cette mort ne va-t-elle pas laisser dans sa famille, dans les rangs de ses amis! Quelle douloureuse perte!.... Je m'arrête... je ne veux pas agrandir vos plaies, raviver vos douleurs, augmenter vos peines et vos plaintes. Dieu est tout sage, ne cherchons point à scruter les conseils impénétrables de sa providence; humilions-nous, adorons ses décrets.

Mes frères! nous ne sommes que voyageurs, que pèlerins sur cette terre; tout ici-bas n'est que pré-paratif et qu'attente; une autre patrie nous attend; l'âme est libre et immortelle; l'esprit, ce souffle divin qui nous anime, entre, dégagé de sa dépouille mor-telle, dans la grande et auguste cité de Dieu, en com-munication avec l'auteur de toute sainteté et avec le père de toute miséricorde; il s'élance vers l'infini, dans ce séjour d'où sont bannis et les vicissitudes et les dé-chirements de la séparation; il dira à Dieu: Tu es mon Père, et aux élus: Vous êtes mes frères et mes sœurs. Retourné à sa dignité originaire, il jouira, comme dit saint Paul: «*De ce que nul œil n'a vu ici-bas, de ce qu'aucune oreille n'a entendu, de ce que Dieu a pré-paré à ceux qui l'aiment*» (1 Corinth., II, 9).

C'est l'Évangile de Jésus-Christ qui nous présente

ces sublimes, ces consolantes vérités. La vie n'est pas pour nous une station durable; l'homme appartient par sa nature morale à un ordre de choses supérieur et invisible, une cité impérissable nous attend, une réunion auguste d'hommes vertueux, d'hommes craignant Dieu et se détournant du mal. Oui, mes frères, notre patrie est au ciel : la foi, la charité et les bonnes œuvres y conduisent.

Y a-t-il une consolation plus efficace pour ceux qui ont perdu un tendre époux, un bon père, un fidèle ami, un excellent collègue, que la grande, la sublime pensée : qu'il est entré en possession de cette félicité dont ici-bas déjà il développait le germe par sa probité, dont il goûtait les douces prémices dans la paix de sa conscience; que dès à présent il recueille le fruit de ses œuvres, que toutes ses peines sont oubliées, que dans sa nouvelle demeure « il n'y aura plus ni deuil, ni cri, ni travail, et la mort ne sera plus » (Apocal., XXI, 4).

Respectable famille, chère veuve, bons enfants, plongés dans la douleur, vous avez reçu sa dernière bénédiction, vous avez recueilli ses derniers soupirs, vous l'avez vu s'endormir en arrêtant sur vous ses derniers regards. Aujourd'hui le voile du deuil vous couvre; mais il viendra, le jour où vous leverez vos mains vers ce Dieu toujours adorable, même dans les épreuves les plus douloureuses à nos cœurs. Amis, pleurez, mais avec résignation. Appuyés sur l'espérance et sur la foi, nous voyons planer sur le cercueil du cher défunt l'ange de l'immortalité, et du fond de son cercueil, du fond de sa tombe il nous dit : « Je rends grâces à la bonté infinie de mon Dieu de ce qu'il a conduit dans un sentier droit les pas de ma jeunesse, de ce qu'il a associé mon sort au sort d'une compagne qui a mis ses soins à embellir mes jours; de ce qu'il m'a béni et environné d'enfants éternellement chers à mon cœur. Grand Dieu ! protège-les de ton bras puissant ! Que mes fils et mes filles se rallient de plus près encore autour de leur bonne mère; qu'ils n'oublient jamais cette patrie d'en haut, qui, après quelques jours d'épreuve et de lutte, les réunira à moi à jamais; qu'ils bénissent ma mémoire en goûtant l'accomplissement de tous les vœux que je n'ai cessé de faire pour leur bonheur. »

Nous ne sommes que voyageurs sur la terre. Voyageons donc dans la crainte de Dieu, prenons pour guides la simplicité des mœurs et la droiture du cœur; aimons Dieu, en nous transformant à son image; aimons le Père, en faisant du bien à ses enfants.

ADIEU, *cher ami Klauhold !* tu n'es pas mort, tu vivras dans le cœur de tous ceux qui t'ont connu, qui t'ont aimé et estimé. Tu n'es plus au milieu de nous, mais tu nous laisses le souvenir de tes vertus. Que ce souvenir nous rende meilleurs; car la vie d'un homme vertueux est une leçon pour l'éternité. Tu as fourni une belle carrière, et ton passage à un monde plus heureux a été sans angoisses. ADIEU! ADIEU! « *Bien-heureux sont les morts qui meurent au Seigneur! Oui, dit l'Esprit, ils se reposent de leurs travaux et leurs œuvres les suivent* » (Apocal., XIV, 13). ADIEU donc! au REVOIR! Amen.

ABSCHIEDSWORTE AM GRABE.

(AUF DEM FRIEDHOFE SANCT-HELENÆ).

Du ruhest nun, ehrwürdiger Freund, in Deinem stillen Grabe. Wir umgeben Deine Gruft, die uns nicht die Wohnstætte des Moders und der Verwesung, sondern die geheimnissvolle Eingangspforte zum ewigen Seyn ist. Bis wenige Tage vor Deinem Tode warst Du thætig. Auf Deiner langen Lebensbahn stehen der Denksteine manche, die uns an Dich, den Treuen und Redlichen, den Christen und Menschen erinnern. Als Gatte warst Du ein Muster ehelicher Liebe und Treue; als Vater, der liebende Erzieher und das leuchtende Vorbild Deiner Kinder, als Freund unerschütterlich treu, als Beamter bieder, gefællig, uneigennützig; als Menschenfreund, der würdigen Armen Helfer und Versorger; Jedem warst Du mit Rath und That nahe. Mit den Jahren stiegen Deine Verdienste, und mit diesen die Hochachtung, der Dank.

Du hast nun Deinen Pilgerstab niedergelegt, und an Deiner Ruhestætte danken wir dem Allgütigen für alles Gute, für jeden Segen, den Er durch Dich stiftete. Wir trauern an Deiner Gruft; nicht um Deinen

Abschied, sondern um uns. Manche Quelle der Freude ist mit Dir den Deinigen versiegt; die lange freundliche Gewohnheit Dich tæglich zu sehen, Deinen weisen Rath, Deine treue Hilfe, Deine uneigennützige Hingebung, Deine Sorgfalt und Thætigkeit müssen nun Viele entbehren; — darum stehen wir an Deiner Gruft mit Wehmuth und Trauer; Dich, den theuern Vollendeten, beklagen wir nicht. Der himmlische Vater hat Dich in das Heimathland geführt, um Dich mit Preis und Ehre zu krœnen. Ja, wir freuen uns, dass Du so schœn, so ruhmvoll vollendet hast, edler Freund, dass Du vom irdischen Wirken zum himmlischen übergegangen bist und die Palme des Sieges, die Krone der Gerechtigkeit empfangen hast. Der Herr sandte seinen Boten, den Tod, Er sandte seinen Engel des Friedens, um Dein unsterbliches Ich einzuführen in die Reihen der Seligen; freundlich begrüsst von frommen Æltern, herzlich bewillkommt von vorangegangenen Lieben, von einem *Reisseissen*, einem *Lœmmermann*, einem *Engelbach*, einem *Arnold*, von den Trefflichen allen, die mit dir einst im Bunde, des Guten viel stifteten. Zu neuem Wirken berufen, ærntest Du nun die Früchte Deiner irdischen Saat; denn die Zeit und die Ewigkeit stehen im Bunde und unauflœslich ist das Band zwischen dem Leben diesseits und dem jenseits des Grabes.

Die Erde sey Dir leicht; sicher ruhe hier Dein Staub; schlummere im Frieden, guter Klauhold! Deine Tagereise ist vollbracht; Dein Kampf ausgekämpft, Deine Pflicht erfüllt. Dein Andenken wird als Gatten und Vaters, als Bruders und Freundes im Segen bleiben. Die Hand der Freundschaft und der dankbaren Liebe schreibt auf Deinen Leichenstein : «Hier ruhet ein edler Mann! Glücklich wer so lebt und so stirbt wie Er! Seine Asche bleibt uns heilig!» Lebe wohl! bis der Himmel den Bund wieder erneuert, und dann nichts, nichts mehr uns trennt. Lebe wohl; auf Wiedersehn! Amen! Amen!